RELIGIONES DEL MUNDO

Imagen de cubierta: jardín de un templo taoísta (China).
Detalle: símbolo del yin *y el* yang.
Página siguiente: uno de los miles de canales de Suzhou. Esta serpenteante ciudad de agua y jardines construida en el Gran Canal que une el delta del río Amarillo con Pekín está surcada por una densa red de canales. Aquí el agua, que para el taoísmo es símbolo de cohesión y unidad de los elementos y adaptabilidad y fluidez, está presente en la vida diaria de los habitantes.

LAWRENCE E. SULLIVAN

El cosmos y la bondad en el
taoísmo

NEREA

Título original: *Il cosmo e la saggezza nel Taoismo*

International Copyright ©
2006 by Editoriale
Jaca Book spa, Milano
All rights reserved

© De la edición castellana:
Editorial Nerea, S. A., 2008
Aldamar, 36, bajo
20003 Donostia-San
Sebastián
Tel. (34) 943 432 227
Fax (34) 943 433 379
nerea@nerea.net
www.nerea.net

© De la traducción
del italiano:
Ariadna Viñas, 2008

Imagen de cubierta:
© istockphoto
Detalle: © istockphoto

ISBN colección:
978-84-96431-28-7
ISBN volumen:
978-84-96431-38-6

Diseño de cubierta
y maquetación:
Eurosíntesis Global, S. L.

Impreso en Italia

ÍNDICE

Tapiz de seda con los Ocho Inmortales, hombres que según la tradición taoísta han alcanzado la inmortalidad de diferentes maneras. No son los únicos inmortales, pero simbolizan las distintas condiciones humanas. Aquí celebran la longevidad, resultado de una existencia bien vivida, mientras un nuevo inmortal asciende al Cielo sobre una grulla, símbolo de la pureza. El taoísmo ha adoptado diversas tradiciones chinas sobre el arte de la longevidad y se presenta como poseedora del secreto de la vitalidad. El concepto de inmortalidad taoísta depende de la capacidad del hombre para regresar al seno del Uno primigenio, que es eterno. El camino de regreso consta de diferentes grados, que sirven para alcanzar la longevidad.

Changling (China). La oración y la ofrenda de bastoncillos de incienso son características del taoísmo. Changling es una de las trece necrópolis de la dinastía Ming, al noroeste de Pekín, donde la elección de los lugares y los espacios se rige por el antiguo arte de la geomancia o feng shui, que quiere decir 'agua y viento' y se refiere al arte de construir de la mejor manera y en el mejor lugar. La disposición en el espacio tiene gran importancia en el taoísmo. El estudio de los flujos de aire y de agua en relación con montañas, luces y sombras determina la concentración de energía cósmica positiva y permite evitar la negativa.

INTRODUCCIÓN

El taoísmo es un elemento importante de la vida religiosa china desde hace miles de años. El taoísmo conduce a la sabiduría y al bienestar físico y lleva incluso a la inmortalidad del cuerpo. Para el taoísmo, el ser humano es una imagen del universo. El cuerpo humano, activo en los ritos, se alimenta de las mismas energías que dan vida al universo, que es el cuerpo cósmico. El taoísmo es rico en ejercicios para el cuerpo y para la armonía mental, que permiten acceder al *tao,* la fuente suprema de toda la realidad. Los ejercicios físicos de la respiración, el movimiento, la curación y la nutrición sirven para conservar y aumentar la energía vital. Los ejercicios mentales de la meditación, la higiene interior y la filosofía propician visiones renovadoras. El taoísmo crece con los contrastes, especialmente en el intento de cultivar la globalidad sin luchar para conseguirla. A lo largo de los siglos, el taoísmo ha desarrollado tanto fiestas populares de celebración colectiva como escritos y teorías para el crecimiento individual. Además de los ejercicios integrados en la vida diaria, el taoísmo ha dado también técnicas místicas y mágicas asociadas a experiencias religiosas extraordinarias. Hubo eminentes maestros que fundaron distintos movimientos dentro del taoísmo, gobernaron centenares de espíritus y dieron nombre a panteones enteros de dioses. Estos maestros alcanzaron la inmortalidad y transmitieron rituales y enseñanzas a sus seguidores. En 1926 se publicó en Shanghái el canon *Dao Zang,* una colección oficial de textos taoístas recopilada en el año 1436 d. C. en un corpus de 1.120 volúmenes, aunque existía una versión anterior, quemada por Kublai Khan en 1281, que era todavía más extensa. Los capítulos siguientes ofrecen una imagen de esta compleja y longeva tradición.

1
DIVIDIR EL FUEGO NUEVO: *FEN DENG*

El sumo sacerdote purifica el corazón y la mente de los fieles con una pequeña oración denominada *fa lu* que expulsa las imágenes y los espíritus negativos para dejar espacio al *tao*. A continuación se prende el fuego nuevo con una piedra de pedernal virgen y se enciende la primera vela ceremonial de los ritos religiosos taoístas

1. Sacerdote taoísta. Además de las personas dedicadas a ello y que viven en los complejos de los templos o en los monasterios, también pueden ser ministros del culto laicos encargados de los ritos domésticos.

1. Gesto de devoción y oración en un templo taoísta de Hong Kong.
2. La técnica que consiste en golpear pedernal para obtener chispas y fuego se ha usado desde la prehistoria hasta la actualidad.

de renovación del cosmos. Luego se divide cuidadosamente el fuego nuevo con un ritual llamado *fen deng*. La primera vela encendida con el fuego nuevo saca a la luz el *tao* visible, el llamado *taiji*, la fuerza del aliento vital asociado al nivel superior del mundo natural y al reino del pensamiento de la cabeza del hombre. La primera vela representa también el espíritu *san jing*, un ser mitológico que gobierna el cielo. Después, con el fuego del *taiji* se enciende una segunda vela cuya llama descubre el alma presente en el corazón humano henchido de amor y el *ling bao*, el espíritu que gobierna la Tierra, nivel medio del universo. Por último, se pasa la llama a una tercera vela que representa las fuerzas vitales,

3. Atardecer sobre el río Amarillo, cuyas aguas, origen de la agricultura china, son símbolo de vida y renacimiento para múltiples generaciones.

3▷

10

1

2

asociadas al mundo subterráneo hecho de agua y al vientre, sus instintos e intuiciones viscerales. La tercera vela representa el espíritu *tao-te*, que gobierna el agua y el renacimiento. Este sencillo rito revive el emerger del mundo a partir del *tao* tal como se explica en el capítulo 42 del *Tao Te King:*

El *tao* da vida a uno,
uno da vida a dos,

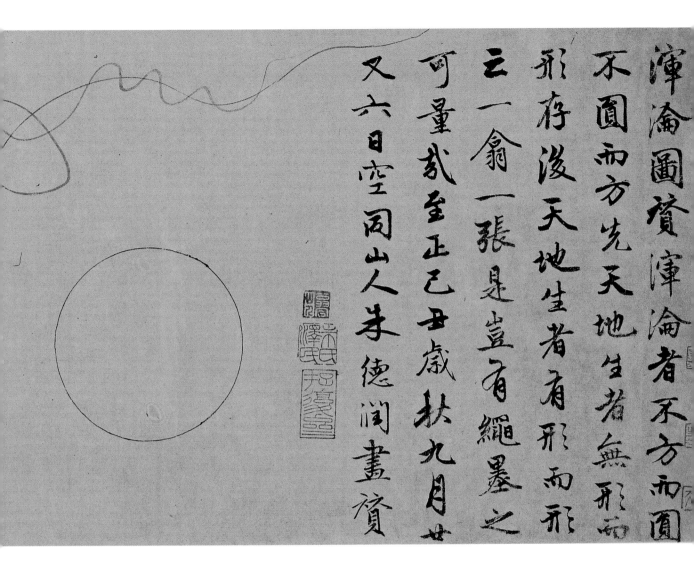

渾淪圖贊渾淪者不方而圓
不圓而方先天地生者無形而
飛存後天地生者有形而飛
三一翁一張是豈有繩墨之
可量貳至正乙丑歲扵九月廿
又六日空同山人朱德潤畫贊

dos da vida a tres,
tres da vida a los diez mil seres.
Y los diez mil seres
unidos al *yin*
abrazan el *yang,*
y los alientos que los envuelven
dan forma a la Armonía.

Mediante esta acción ritual los hombres
se unen a los poderosos flujos que manan
del *tao* en cada nivel.

1. Zhu Derun, Hunlun, *('caos primordial'). Rollo
horizontal, tinta sobre papel. Dinastía Yuan, 1349.
Museo de Shanghái. El texto escrito sobre la derecha
describe el estado del cosmos antes de la separación de los
soplos vitales y el nacimiento de las formas y de la
materia-energía que las anima. Entre el texto y
la imagen hay un círculo que representa el diagrama del
hunlun. A la izquierda, una escena natural con una
piedra de la que parece brotar un pino. El pino es el
símbolo de la longevidad.*
*2. Es habitual encender velas sobre los altares de los
templos taoístas, un gesto que asume una importancia
especial en ritos como el del* fuego nuevo.

13

2
RENOVACIÓN Y UNIÓN: PLANTAR LOS ELEMENTOS Y ALIMENTARSE DE ELLOS

Hay dos rituales muy importantes que se contraponen como si fueran las solapas de un libro. En el primer ritual, llamado normalmente *su-qi* y celebrado el primer día de la fiesta de la renovación *jiao,* se plantan los cinco elementos básicos. En el segundo, llamado *dao-zhang* (o *zheng-jiao*) y celebrado el último día de la fiesta, se recogen e ingieren los cinco elementos. Estos ritos inauguran y clausuran la fiesta de la renovación *jiao,* que se celebra hacia el solsticio de invierno.

Durante el *su-qi,* el oficiante que dirige la ceremonia coloca cinco montoncitos de arroz siguiendo un orden concreto que reproduce el mundo: un montón al Este, otro al Sur, otro al Oeste, otro al Norte y otro en el centro del *mundo.* En cada montón planta un elemento básico: madera, fuego, metal, agua y tierra. Los elementos están representados por señales mágicas dibujadas sobre cinco trozos de seda de colores: verde, roja, blanca, negra y amarilla, respectivamente. El oficiante trata con las fuerzas espirituales en el *centro* de este *mundo* para conseguir salud y felicidad, una buena siembra y abundantes cosechas.

3

4

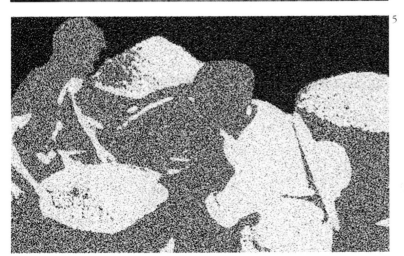

5

1. *Adaptación gráfica de una baldosa encontrada en una tumba antigua de la provincia de Sichuán: la escena de la recolección de arroz atestigua su secular importancia.*
2. *Un oficiante taoísta, en un momento de concentración.*
3. *Esta ilustración reproduce una pequeña parte del grandioso sistema de riego chino. El control del agua ha representado un problema crucial desde los orígenes y aparece en numerosos relatos míticos.*
4. *Los cultivos de arroz siguen dando forma y color al sur de China (provincia de Sichuán).*
5. *La imagen recoge el transporte de montones de arroz, una operación cotidiana que el rito transforma confiriéndole un valor simbólico.*

El último día de la fiesta del *jiao* se celebra el rito del *dao-zhang*, que representa el momento más importante del año en muchos templos taoístas. El oficiante repite la danza sagrada de Yu —el antepasado mitológico que evitó las inundaciones— y *recoge* la mies de los elementos mágicos de los cinco montones. Después los introduce a través de la meditación en los cinco órganos de su cuerpo: hígado (ingiere la madera del Este), corazón (el fuego del Sur), pulmones (el metal del Oeste), riñones (el agua del Norte) y bazo (la tierra del centro), y el cuerpo se convierte en el mundo con el *tao* presente en el centro. De este modo se alcanza la unión mística con el *tao,* una experiencia que culmina el ciclo ritual del renacimiento.

2

3

1. Templo de los Tres Puros (provincia de Shanxi). Los Tres Puros son la personificación del tao *y su poder se honra especialmente en las diferentes formas de celebración de la fiesta del* jiao.
2. La ilustración representa la liberación del embrión de la inmortalidad. Para los taoístas existe un lugar en el cuerpo en el que, si se concentran, pueden obtener la inmortalidad con ayuda de la meditación y la circulación de energías.
3. La participación popular en las fiestas supone la culminación de ritos que también pueden incluir momentos más íntimos, asociados a prácticas personales.

1

16

4. *Los cinco elementos: categorías que sirven para interpretar la realidad no de manera estática, sino según cinco fases o movimientos: la tierra, en el centro, representa el cruce. Los elementos se asocian a distintos colores y partes del cuerpo según su orientación, al Norte, Sur, Este y Oeste, y a animales mitológicos: el pájaro, la tortuga, el tigre y el dragón.*

4

fuego

SUR

ESTE

madera

tierra
CENTRO

metal

OESTE

NORTE

agua

1. 2. 3. *Tríptico, del que solo se reproduce un rollo completo, realizado en 1150 y conservado en el Museo de Bellas Artes de Boston (Estados Unidos). Nos encontramos, de izquierda a derecha, frente a tres señores o administradores de la tierra, el cielo y el agua. Estas imágenes proceden de la concepción desarrollada en el siglo II por Zhang Daoling, el primero de los maestros celestes. Para purificar las culpas de los enfermos, el maestro reproducía sus nombres en tres ejemplares, de los que uno se quemaba para que llegase al administrador del cielo, el segundo se enterraba para que llegase al de la tierra, y el tercero se sumergía para que llegase al del agua.*

1

3
EL CAMBIO EN EL TIEMPO

El taoísmo ha asumido diferentes formas en el curso de su larga historia. La práctica y el pensamiento taoístas aparecen ya en las primeras fuentes chinas. A principios de la era imperial (221 a. C.-220 d. C.) aparecieron numerosos escritos sobre las ideas taoístas, como el *tai ping,* 'gran paz', el ideal de la perfecta armonía entre todas las realidades del mundo. La tradición del *tian shi* ('maestro del cielo'), que prometía llevar adelante la «gran paz», se inspiraba en Zhang Daoling y en su nieto, que vivieron en los siglos II y III d. C. respectivamente. Los gobernantes chinos acudieron durante cientos de años a estos guías espirituales que se comunicaban directamente con Lao Zhun, una divinidad identificada con Lao Tse, al que se atribuía la composición del

1. *Mapa de una parte de China con las cinco montañas sagradas taoístas, cuatro en los puntos cardinales y una en el centro. Lugar santo, la montaña es una entidad completa, símbolo de la Tierra que se eleva hacia el cielo, con quien dialoga.*

2. *Mapa de uno de los más de cien templos y santuarios del monte Tai Shan, el más famoso de los picos sagrados, sede de fuerzas vitales y lugar al que regresan las almas de los muertos.*

He Xiangu

4. *El Pico del Este sobre el monte Hua Shan: un camino que reproduce las cinco montañas sagradas y es objeto de peregrinajes.*

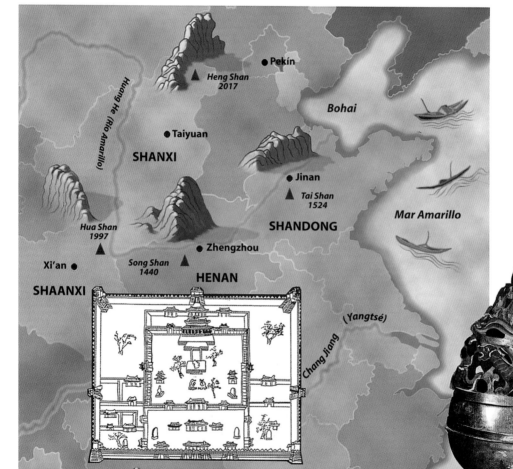

Pekín

Heng Shan
2017

Bohai

Huang He (Río Amarillo)

Taiyuan

SHANXI

Jinan

Tai Shan
1524

Mar Amarillo

Hua Shan
1997

SHANDONG

Xi'an

Zhengzhou

Song Shan
1440

HENAN

SHAANXI

(Yangtsé)

Chang Jiang

2

Changsha

Mar
de China
Oriental

Heng Shan
1290

HUNAN

1

4

3

3. *Un antiguo incensario de bronce: la Isla de los Inmortales, paraíso taoísta, es como un monte.*

HAN XIANGZI

ZHANG GUOLAO

5

CAO GUOJIU

LU DONGBIN

TIEGUAI LI

5. Los Ocho Inmortales en la iconografía popular: Zhongli Quan, el maestro de todos; Zhang Guolao, funcionario y literato; Lan Caihe, patrón de los jardineros; Lu Dongbin, patrón de los barberos; Tieguai Li, el mendigo; He Xiangu, el hada; Han Xiangzi, patrón de los músicos, y Cao Guojiu, patrón del teatro.

ZHONGLI QUAN

LAN CAIHE

Tao Te King. A partir del siglo IV, al entrar en contacto con las poblaciones del sur de China, la tradición del Maestro del Cielo cambió. Se produjo una transformación, denominada taoísmo *shangqing,* basado en las revelaciones de los *shen ren* ('hombres divinos' o 'inmortales') que habitaban en las montañas mitológicas. Utilizaban técnicas de perfeccionamiento como la alquimia y la visualización para transformarse a su antojo. Aparecían, desaparecían y se multiplicaban. Vivían en las míticas Islas de los Inmortales y sobre el Kun lun, una montaña celeste a la que se ascendía a lo largo del perfeccionamiento de uno mismo. Desde allí penetraban en las *dongtian,* grutas sagradas que se adentraban en el vientre de la Tierra, donde había tesoros escondidos de salud y revelación. A partir del siglo IV se desarrolló otra de las formas del taoísmo, el *Lingbao,* que cultivaba prácticas litúrgicas

21

1. Rollo vertical de Qiu Ying, El reino de los Inmortales y la fuente con flores de melocotonero, *siglo XVI. Museo de Bellas Artes, Tianjin (China). El reino de los Inmortales se describe como un paraíso terrestre en el que la Naturaleza normal de China se transforma.*

2. El Inmortal, *hoja de álbum del siglo XIII, Museo Nacional del Palacio de Taipéi (Taiwán). Esta obra, atribuida a Liang Kai, es la personificación de la sabiduría. La figura camina con gran seguridad y equilibrio. Su paso evoca la sensibilidad propia del taoísmo, cuya práctica no buscaba la mortificación de los sentidos, sino, al contrario, su vivificación.*

3

3. *El dinamismo de las formas rocosas domina Penglai, una de las Islas de los Inmortales, pintada aquí sobre seda.*

2

públicas para unir la vida del individuo con la de la sociedad y la Naturaleza en el camino hacia la salvación. Tanto el Imperio mongol, instaurado en el siglo XII, como las dinastías Ming y Qing eliminaron las organizaciones religiosas, incluidas las taoístas. En esta época apareció una práctica diferente de taoísmo místico que ensalzaba la meditación individual. Hacia la mitad del siglo XX, la República Popular China prohibió durante cierto tiempo el taoísmo, aunque los dos aspectos más importantes, la mística y la litúrgica, han sobrevivido hasta hoy.

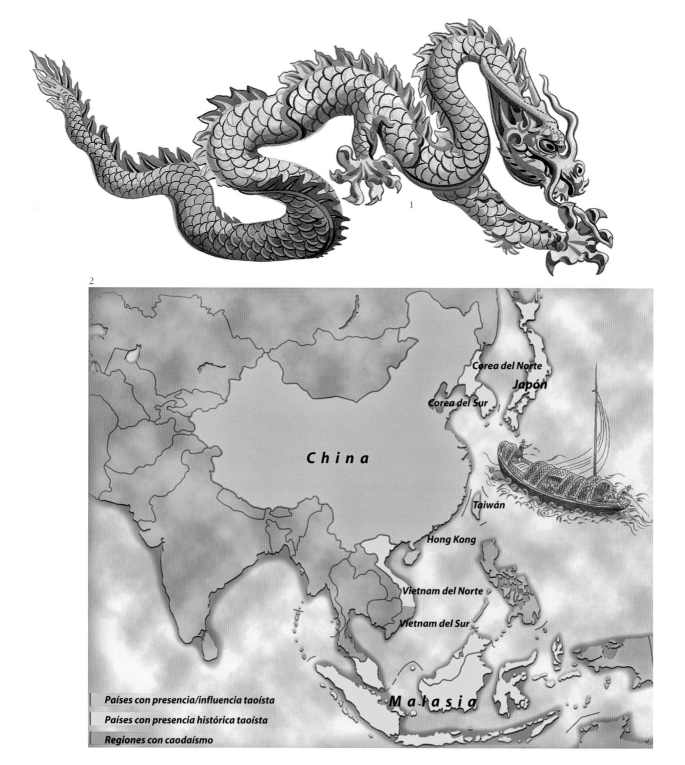

1. El dragón, uno de los animales míticos de China. Hijo del cielo y señor de las aguas, simboliza la fuerza y la vitalidad.

2. En el mapa, difusión en Asia oriental del taoísmo como religión organizada, incluido el caodaísmo (de cao dai, *'palacio supremo'*), una secta vietnamita que combina el taoísmo con otras religiones.

4

TAO

3. En busca del camino en la montaña de otoño. *Rollo vertical del siglo* X. *Museo Nacional del Palacio de Taipéi (Taiwán). Obra de Dong Juram, un monje budista que supo interpretar el carácter sereno de los paisajes del sur de China. La pintura expresa sobre todo tensión espiritual, como muestra claramente el sendero que conduce a un yermo. La obra sugiere la vía del Absoluto recorrida en comunión con la Naturaleza. El taoísmo ha penetrado profundamente en la cultura y la mentalidad chinas, influyendo incluso en el monje budista, quien en esta obra parece ofrecernos una representación del* tao, *el camino.*

La palabra china *tao* significa 'camino' en sus diferentes acepciones: vía, sendero, manera de vivir o método. En el contexto del pensamiento religioso taoísta adopta el significado de enseñanza, doctrina, norma de conducta o consejo valioso. Por una

parte, la palabra *tao* se refiere a una fuerza que trasciende cualquier tipo de realidad, incluida la de la mente humana. El *tao* es incomprensible, inconcebible, inefable. Es, por definición, misterioso —el misterio de todos los misterios— y difícil de describir. Por otra, se refiere al inagotable terreno de todas las cosas. Un vientre en el que todas las realidades recorren sus propios ciclos de concepción, gestación y nacimiento, y la tierra-vientre a la que regresan todas las realidades en sus ciclos de muerte y renacimiento. De este modo, *tao* es tanto una fuerza trascendente que va más allá de cualquiera de las expresiones de la Naturaleza como la fuerza inmanente que fluye dentro de ella e impulsa su transformación. *Tao* se refiere a la realidad hasta su último extremo: ya sea interno, hasta la más pequeña de sus formas, como externo, más allá de cualquier expresión. El taoísmo percibe la realidad natural como un ciclo incesante que circula desde el *tao* hasta la miríada de criaturas, y que regresa al *tao* para renovarse según se suceden las estaciones de la Naturaleza. Adaptándose al camino de esta, los hombres alcanzan la unión eterna con el *tao*. El camino del *tao*

2. *Detalle de un rollo de seda sobre el que está escrito un* sutra *(del sánscrito, 'hilo', 'regla'), el* Sutra Taoísta de la Constante Pureza y Tranquilidad, *transmitido oralmente desde Lao Tse (véase capítulo 5). Enseña que al liberarse de las pasiones se consigue una mente limpia y un corazón en paz. Se transcribían textos similares para meditar sobre su contenido, nada extraño teniendo en cuenta que en China la escritura surgió como una actividad sagrada.*

1 2

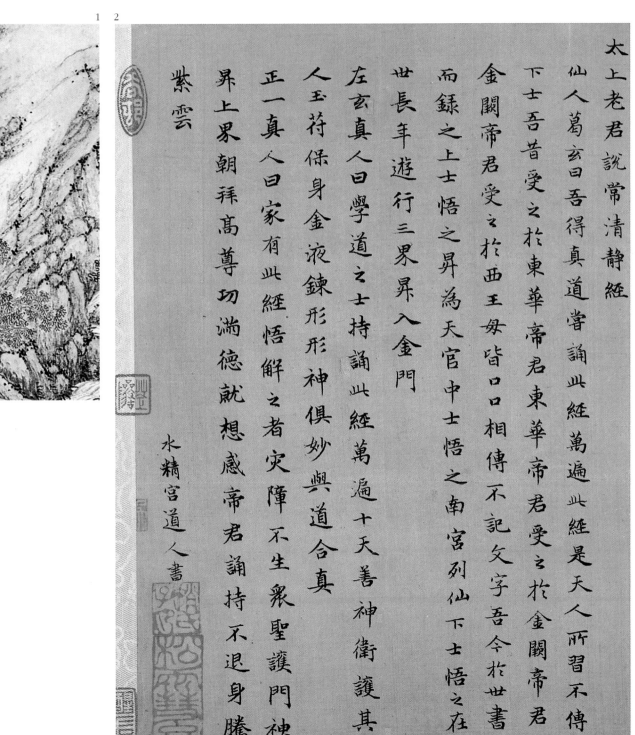

1. Paisaje de los montes Hua Shan sobre las aguas del río Zuojiang, en la provincia de Guangxi. En chino, paisaje se dice «monte-agua»: monte como microcosmos del gran todo y agua como fluidez, símbolo de la vía del tao.

2. Representación de Fuxi, el primer augusto soberano, realizada por Man Li entre los siglos XII y XIII, actualmente en el Museo Nacional del Palacio de Taipéi. Fuxi estudia la coraza de una tortuga en busca de las señales adivinatorias que le permitan entender la realidad del mundo. A Fuxi se le atribuye la invención de los ocho símbolos adivinatorios que constituyen la base del Clásico de las Mutaciones.

3. El Clásico de las Mutaciones (Yijing) es un texto adivinatorio. Según una ley cósmica interpretable, el cambio es el tejido de la vida. Las posibilidades de mutación se visualizan con figuras de líneas enteras y partidas (yin y yang, véase cap. 6). La ilustración muestra los aspectos básicos del cambio, los 8 trigramas que combinados entre sí forman 64 hexagramas. Tirando al azar bastoncitos o monedas se analizan los cambios cósmicos, las fuerzas en juego y las tendencias.

1

resulta especialmente evidente en el agua, con su discurrir, su vitalidad, su fuerza irresistible, su transparencia, la manera en que se adapta a los cambios del terreno y su energía sin esfuerzo alguno. El agua asume formas diferentes en los reinos del cielo, de la Tierra y del mundo subterráneo. La palabra *tao* se usa también para describir el poder de gobernantes y magos para poner en contacto estos reinos tan diferentes, transportando, por ejemplo, a los hombres hasta el terreno de una fructífera comunicación con las potencias del cielo y de la Tierra. A lo largo de la historia china, los reyes han desplegado la fuerza virtuosa del *tao* mediante la celebración de ritos para evitar los desastres naturales y restablecer el orden natural del *tao* celeste.

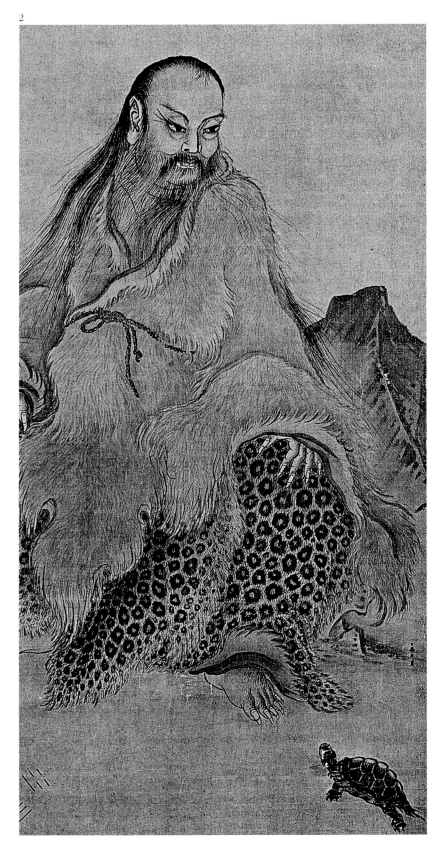

2

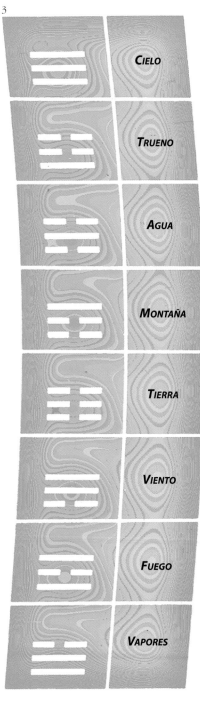

3

CIELO

TRUENO

AGUA

MONTAÑA

TIERRA

VIENTO

FUEGO

VAPORES

4
LAO TSE

1. La imagen más conocida de Lao Tse, montado en un búfalo.

2. Confucio y Lao Tse protegiendo a Sakyamuni niño. Rollo pintado, tinta y color sobre seda, dinastía Ming (1368-1644), Museo Británico, Londres. Esta fascinante pintura ilustra uno de los temas más populares de la China imperial: el acuerdo y la interdependencia de las tres tradiciones de la sabiduría, el confucianismo, el taoísmo y el budismo, reunidas en la célebre fórmula sanjiao yijiao: 'Tres religiones. Una religión'. Sin embargo, equivalencia no significa igualdad y cada una de las tradiciones ha intentado recrear la unidad a su favor. Así, la obra del Museo Británico, que pertenece sin duda a ambientes literarios, subraya la supremacía de Confucio, que está mostrando el Buda niño a Lao Tse. Si bien se trata de mostrar respeto hacia el representante del budismo, también se trata de manifestar su relativa juventud ante las enseñanzas chinas y destacar el papel activo del confucianismo en ellas. En una síntesis muy significativa, Lao Tse, descalzo, porta los símbolos de sabiduría de Buda, como la protuberancia del cráneo y el punto entre las cejas. Mientras que las vestimentas y el paisaje son convencionales y esbozados con rapidez, el extraordinario refinamiento de los rostros y la elegancia de los gestos muestran en cambio la excelencia espiritual y moral de los fundadores de las tres grandes religiones chinas. A pesar del ambiente intelectual y confuciano, el tao sigue siendo una raíz indispensable.

Lao Tse ocupa un lugar especial dentro del pensamiento y las prácticas taoístas, donde desempeña múltiples funciones. Se le describe tanto como un gran sabio, autor del texto principal del taoísmo, como una fuerza cósmica y una figura divina. Ya en el siglo I a. C., las fuentes históricas chinas atribuían a Lao Tse la paternidad del *Tao Te King*, el libro más importante del taoísmo, conocido también como *El Lao Tse*. Algunas obras antiguas vinculan a Lao Tse con Lao Dan ('el Viejo Dan'), al que al parecer acudió Confucio para recibir consejos y enseñanzas. El *Zhuangzi* (obra escrita hacia el año 320 a. C. y atribuida a un autor con el mismo nombre) cuenta que Lao Dan fue archivero en la corte de los Zhou (1046-221 a. C.). Esta identificación de Lao Tse con Lao Dan se desarrolló posteriormente en la biografía completa de Lao Tse escrita por Sima Qian (145-86 a. C). En ella se narra que Lao Tse, desilusionado por la incapacidad de los gobernantes para cultivar la bondad,

1. 2. Retrato de Confucio y relieve de una tumba con su legendario encuentro con Lao Tse. El taoísmo y el confucianismo son las dos grandes corrientes del pensamiento chino, ancladas en las tradiciones más antiguas.

abandonó el imperio de los Zhou poco antes de su caída y se encaminó hacia el Oeste, hacia el Tíbet, a través del paso de Han-ku. Aquí, un guardián del paso llamado Yin Xi le pidió que escribiera una obra sobre las ideas del *tao* y del *te*. En sólo tres días, Lao Tse compuso el *Tao Te King*, 'El libro del camino y de la virtud', una obra de 5.000 caracteres en dos rollos. En realidad, los historiadores creen que en la redacción del texto, tal como lo conocemos actualmente, participaron diversos autores hasta finales del siglo III d. C. En cualquier caso, el *Tao Te King* es el libro fundamental del pensamiento taoísta, y desde entonces la relación entre el archivero-maestro Lao Tse y el guardián-discípulo Yin Xi se ha convertido en símbolo de la relación ideal

4. Grabado adaptado gráficamente: Lao Tse y el guardián del paso del Oeste, su primer seguidor.

32

3

3. *Dazu, al sur de China, famosa por las miles de esculturas de sus grutas. Aquí las figuras, budistas principalmente, se alternan con las taoístas y con temas confucianos, una concurrencia de expresiones religiosas que parecen haberse disputado el corazón de los fieles a lo largo de la historia.*

4

maestro-discípulo. Durante los años 165-167 d. C., el emperador Huan autorizó sacrificios a Lao Tse, a quien desde entonces se le considera un ser primigenio, tan antiguo como el caos que existía antes del mundo. Después de pasar una serie de importantes transformaciones, Lao Tse descendió al reino de los humanos y sirvió como sabio a los reyes chinos más juiciosos. Durante siglos se discutió si Lao Tse se había transformado también en Buda después de su viaje a Occidente para enseñar a los bárbaros el camino del *tao*. En todo caso, se le llegó a considerar un salvador y una divinidad que, como auténtica fuente del *tao* desde el principio, circulaba entre los diferentes mundos del cielo y de la Tierra. En tiempo de conflictos, sus segui-

33

1. Un jardín zen en el Museo de Bellas Artes de Boston (Estados Unidos). La grava representa el agua y las rocas evocan las montañas, de modo que el jardín se presenta como un paisaje-símbolo, expresión de una imagen de la Naturaleza inspirada en el taoísmo, llegada hasta los monasterios japoneses del budismo zen y capaz de influir también en Occidente, con la fuerza sintética de su potencial meditativo.

2. Imagen popular de Lao Tse como Señor Supremo. Lleva un diagrama cósmico con ocho trigramas y el símbolo del yin *y el* yang *(v. cap. 6) en la mano y su ropa está decorada con cuatro melocotones, símbolo de la inmortalidad, y una escritura estilizada que significa 'larga vida'. A su lado, dos fieles con un abanico de hojas de palma con poderes mágicos y una copia del* Tao Te King.

dores confiaban en su regreso triunfal para salvarlos de la opresión política. Se escribieron historias que usaban sus distintas reencarnaciones, y sus ausencias para explicar los períodos de prosperidad y de decadencia. El propio Lao Tse, un micro-cosmos del vasto universo, encarna el *tao* y se convierte en madre de todas las cosas, origen de toda la creación. Lao Tse impulsó la confesión de los pecados y otras prácticas rituales como medios de cura-ción moral y física. Durante la meditación y el ritual los fieles, imitando a Lao Tse, se imaginan a sí mismos como un universo y viajan a través de su paisaje interior para regenerar las fuerzas vitales en todos los niveles. Las técnicas de meditación taoístas ayudan a los discípulos a concentrarse en el *zhen shen* ('cuerpo verdadero') de Lao Tse. Los discípulos se transforman visuali-zando hasta el mínimo detalle las señales dejadas a su paso y meditando sobre ellas. Asimismo, las acciones del sacerdote taoísta durante la ceremonia de renovación *jiao* buscan regenerar el embrión del señor Lao Tse en los participantes, salvando de este modo a toda la comunidad.

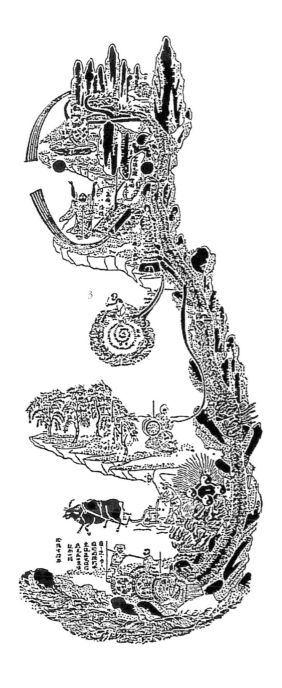

3

3. *Esta figura reproduce la representación taoísta del cuerpo visto como un paisaje. El hombre, vinculado a la relación cósmica cielo/tierra, es él mismo, en menor escala, una unión entre cielo y Tierra. Está organizado, modelado y mantenido por la confluencia de los flujos constructivos del cielo y los dóciles y acogedores flujos de la Tierra, siendo un punto de intercambios vitales. Esta concepción es el origen de la medicina tradicional china conocida como acupuntura.*

6
CONTRARIOS Y FASES:
YIN/YANG Y *WU XING*

1. Dibujo chino del siglo XVII: *adultos y niños contemplando una tela con el símbolo tradicional del* yin *y el* yang, *fórmula universal de la vida entendida como movimiento. Se trata de diferentes momentos de una misma realidad: el aspecto más evidente, el* yin *—oscuro, terrestre, femenino— dialoga con el menos manifiesto, el* yang *—celeste, luminoso, masculino—. Sin embargo, ambos se compenetran y se influyen mutuamente.*
2. Esquema clásico del yin *y el* yang.

2

1. Esquema de una moneda típica china: un círculo con un cuadrado en el centro. La moneda representa el bienestar fruto del intercambio entre el cielo (círculo) y la Tierra (cuadrado).

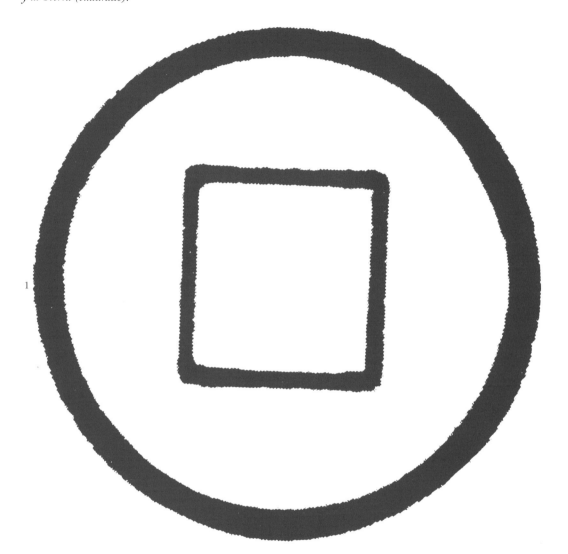

El *yin* y el *yang* son aspectos fundamentales del *tao,* al igual que lo son los *wu xing,* las cinco fases o cinco elementos. Estos términos sirven para clasificar las realidades y las relaciones que componen el mundo tal como lo ven los taoístas.

Como la ladera en sombra y la ladera soleada de una misma montaña, el *yin* y el *yang* son dos aspectos opuestos y complementarios de la misma realidad. Pueden aparecer representados como un tigre y un dragón, abrazados en una lucha cósmica sin fin responsable del desarrollo y de las fuerzas del mundo visible. Es posible reproducir el espacio del mundo y el espacio del cuerpo como si fueran un mapa de acuerdo con el *yin* y el *yang*. El mundo subterráneo de fuego y agua, asociado con el vientre, es una región de puro *yin*. Está dividido en nueve secciones numeradas, cada una de ellas gobernada por una potencia destructiva. Los números forman un cuadrado mágico. Al morir, el alma pasa un período de purificación en el reino *yin*. Allí contactan con ella distintos expertos en religión y los médium que dan voz a sus deseos. El reino del cielo, situado en lo alto y asociado a la cabeza, es puro *yang*. El

2. *Fuxi y Nügua tal y como aparecen en la iconografía tradicional. Pintura sobre tela de la dinastía Tang (618-907 d. C.), conservada en el Museo de la Región Autónoma de Xinjiang Uygur. Fuxi sostiene con la mano izquierda una escuadra, símbolo de la Tierra cuadrada, mientras Nügua levanta con la derecha el compás, símbolo del cielo redondo, intercambiándose así los atributos, pues el cielo es masculino y la Tierra femenina.*

alma del difunto puede ascender al cielo si se ha preparado en el mundo subterráneo y si los vivos le han dedicado las atenciones que dicta el rito. En el nivel medio se encuentra la tierra, que corresponde al pecho, donde *yin* y *yang* se entrecruzan y superponen. Aquí, en el reino del medio, los taoístas celebran ritos que dan vida al mundo y guían al alma hasta el sendero que conduce a su destino, pagando a lo largo del recorrido los debidos peajes.

Los *wu xing,* o cinco fases, toman el nombre de los cinco elementos materiales, cada uno de los cuales tiene también un número: 1) agua, 2) fuego, 3) madera, 4) metal y 5) tierra. Estos nombres se refieren a las influencias básicas que dan forma al mundo y sirven como categorías para

1. 2. Las dos partes de un biombo japonés inspirado en las grandes representaciones de origen chino del tigre y el dragón. Igualados en fuerzas, ambos animales suelen aparecer juntos en la tradición china desde la más remota antigüedad. Opuestos y complementarios, se ha encontrado su imagen en tumbas, y se han interpretado como protectores y líderes de los clanes. El dragón, hijo del cielo y emanación divina de los cursos de agua, se ha incluido siempre en el sistema del *yin* y el *yang.* El tigre, símbolo de la energía perfecta, es la potencia regia del mundo animal, concentración de vitalidad y virtudes cuyo vigor suele disimular con una aparente indiferencia.

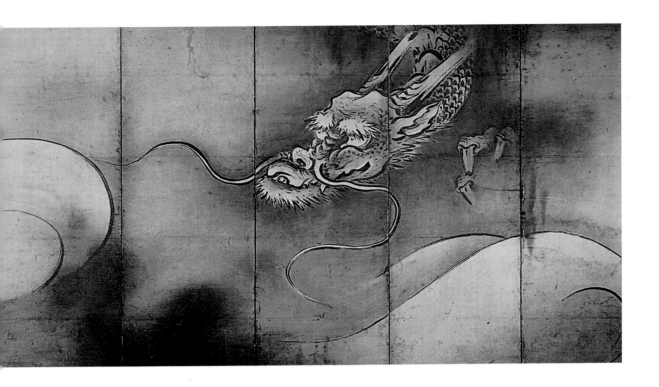

clasificar realidades y relaciones de todo tipo: alimentos, direcciones, estaciones, partes del cuerpo, actividades sociales, colores, animales, etcétera. Estas categorías se usan con fines filosóficos, aunque también sirven para usos prácticos, como organizar una dieta equilibrada, en armonía con las estaciones, o para el buen funcionamiento del cuerpo, combinando adecuadamente los cinco sabores de los alimentos.

3. Dos leyes sobre la dinámica de los cinco elementos. A la izquierda, la madera produce fuego; el fuego, tierra; la tierra, metal; el metal, agua, y el agua, madera. A la derecha, para evitar los desequilibrios, cada elemento es dominado y domina. La madera a la tierra, nutriéndose de ella; el fuego al metal, fundiéndolo; la tierra al agua, absorbiéndola; el metal a la madera, cortándola, y el agua al fuego, apagándolo.

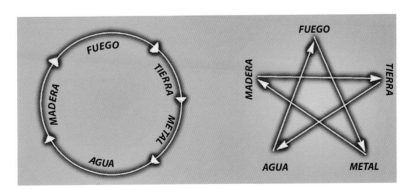

3

41

1. 2. Mawangdui (Hunan), tumba
de una dama del siglo II a. C..
La túnica de seda pintada revela
la visión del mundo y la
importancia de las sepulturas
para los antiguos chinos. En el
dibujo de la túnica, arriba, el
cielo con los espíritus que mueven
el mundo. En el centro (y detalles
en los laterales), el rito por la
difunta, con el murciélago
sosteniendo el cielo. Abajo, un
Atlas sujetando la Tierra.

7

QI Y *WU WEI:*
ENERGÍA VITAL Y FUERZA DE
LA AUTÉNTICA ACCIÓN

1. Las olas fluctuantes, *un ejercicio de los llamados del «palo erguido», utilizados para entrenar el aliento vital, que da vida al universo y al hombre.*
2. *Huangdi, el legendario Emperador Amarillo, héroe civilizador y gran instituidor de la medicina, modelo en el arte de vivir conforme a la armonía taoísta.*
3. *El ideograma* qi, *formado por los símbolos de la espiga del arroz y el vapor que sube. Lo que hace que brote el arroz y ascienda el vapor es la energía, el aliento.*
4. *Pekín. Volutas de vapor elevándose hacia el cielo desde un incensario. Es el aspecto inmaterial de la energía, de la que la materia es una forma más condensada, no contrapuesta.*

氣 QI

米 ESPIGA DE ARROZ 气 VAPOR

Qi puede significar 'aliento húmedo' o 'vapor', y se refiere a la energía vital que da vida a todos los seres del universo. El *qi* es uno de los elementos más importantes de la religión y la filosofía taoísta. El principal objetivo de las técnicas de autocontrol cultivadas con la meditación, el ritual, la dieta, la gimnasia, la medicina y la filosofía taoístas es trabajar el *qi* para alimentarlo y que esté en armonía con las fuerzas del universo. El *qi* fluye en el cosmos y en el individuo como fuerza del *tao*. Las malas costumbres y la debilidad moral pueden reducir el flujo del *qi*. El entrenamiento estricto del cuerpo y de la mente puede limpiar los canales y abrir las puertas al flujo del *qi*. Mediante la práctica religiosa disciplinada, el taoísta no solo mantiene un flujo mínimo de energía vital, sino que también puede conseguir que este aumente

1. Monza (Milán, Italia). Alumnos realizando la fase inicial de la postura serpiente que repta, *una forma simplificada del* taiji quan o taichi, *arte marcial chino* dulce y antiguo. *Esta simplificación se ideó en China para su difusión en el mundo.* Taiqi quan *significa 'suprema polaridad del movimiento' y es una disciplina muy amplia en la que la suprema polaridad, que es la rueda de la existencia, se mueve en equilibrio dentro de la transformación mutua del* yin *y el* yang. *Tiene como objetivo impulsar y ordenar la diferencia de densidad energética de las distintas áreas del cuerpo.*

1

y mejore. Las señales de esta vitalidad son especialmente evidentes en la sabiduría filosófica y en la salud física. La longevidad e incluso la inmortalidad son la expresión última de un fructífero cultivo del *qi* personal.

El *qi* fluye cuando no encuentra obstáculos, cuando el individuo se encuentra en una situación de *wu wei*, un estado de quietud creativa, como un espejo de agua tranquila y cristalina. El *wu wei* está formado por dos estados contrarios y simultáneos: de relajación suprema y de creatividad suprema. Es el estado de la auténtica acción, una acción que no se ve interrumpida por el esfuerzo. Esta condición sólo se

2. *Hangzhou, provincia de Zhejiang. Las aguas resplandecientes del Lago Occidental con una formación rocosa, dos símbolos de la Naturaleza con la que el hombre, punto de intercambio entre cielo y Tierra, está destinado a convivir en armonía.*

2

puede alcanzar porque el hombre está abierto al *tao*. No deriva de la creatividad del pensamiento humano, sino que surge cuando el aspecto más profundo e inconsciente de la mente —que tiene que estar vacía y libre de tensiones— afronta la vida para vivirla más allá de los antagonismos y distracciones fruto de la falta de armonía de las cosas y de la dispersión de los propósitos. Como el agua que se abre camino entre las grietas y resquicios, la capacidad del *wu wei* parece no tener que hacer esfuerzo alguno. Y es que ninguna energía se desperdicia por hacer o mostrar. Ninguna energía está destinada a otra cosa que no sea la verdadera acción.

47

2. Gran rama de bambú atribuido a Wen Tong, hacia 1070, dinastía Song del Norte, tinta sobre seda, Taipéi, Museo Nacional del Palacio. Según la tradición, Wen Tong pasó toda su vida contemplando y pintando bambúes, siguiendo mediante esta actividad un camino espiritual de perfeccionamiento. La hueca caña de bambú se asemeja al cuerpo del asceta, en la que los soplos internos se pueden comunicar. En el bambú coinciden cualidades opuestas como la ligereza y la fuerza, la flexibilidad y la resistencia. La planta es símbolo del camino de perfeccionamiento del hombre y hay veces en que el sonido de sus hojas indica que se ha alcanzado la iluminación.

1. Retrato del poeta Tao Yuanming (365-427). Rollo vertical de la época Song, hacia el siglo XI, Taipéi, Museo Nacional del Palacio. El poeta aparece en el centro de la parte inferior de una composición de gran maestría que expresa en sus movimientos ascendentes y descendentes el lugar del hombre en el mundo, en sintonía con los elementos de la Naturaleza. De pie entre el cielo y la Tierra, el poeta avanza sobre el terreno llano del camino hacia el puente que se dispone a atravesar. La energía de su paso hace que se eleven horizontalmente las largas mangas de su traje, según la moda antigua, y las cintas fluctuantes de su cinturón y su gorro. La religión taoísta pobló las calles paradisíacas descritas por el poeta durante su largo retiro. Este rollo de la época de los Song evoca, en su aparente simplicidad y su sobria expresividad, los versos más famosos dejados por Tao Yuanming: «Recogiendo crisantemos bajo el seto del este yo veo en lontananza la montaña del sur».

8
RITOS DEL CICLO VITAL

La fuerza del *tao* resulta evidente en los ciclos de crecimiento y renovación marcados por el Sol y la Luna, la gestación y el desarrollo de animales y plantas y la sucesión de las estaciones. Para los taoístas es muy importante conmemorar con celebraciones rituales los momentos destacados del tiempo de la vida humana y del ciclo anual del universo. De acuerdo con las cinco fases de los elementos *(wu xing),* el ciclo de la vida humana se divide a su vez en cinco fases —nacimiento, crecimiento, matrimonio, vejez y muerte— que cuentan cada una con determinados ritos. Los ritos de la muerte, por ejemplo, se caracterizan por su complejidad y comienzan en

1. Escenario de un funeral en la antigüedad: sarcófago decorado, vasijas rituales y filas de campanas tocadas por músicos expertos.
2. Maqueta de vivienda señorial, época Han, siglo II d. C., Galería de Arte William Rockhill Nelson, Museo Atkins, Kansas City (Estados Unidos).
3. Las imitaciones de los bienes terrenales son habituales en los funerales modernos. Aquí puede verse una casa de papel.

el momento mismo del tránsito: se coloca un papel blanco sobre el cuerpo a la vez que se realizan determinadas acciones cerca del altar de los antepasados colocado dentro de las casas. Durante el funeral se ofrece dinero e incienso para que el espíritu del difunto supere los obstáculos y los peajes diseminados en su camino. Los parientes recitan numerosas escenas del funeral ideal, a veces incluso hasta veinticuatro, en las que se representa la devoción de los hijos hacia sus progenitores. Se construye una casita de papel con muebles y adornos y se prepara una rama de sauce que simboliza el alma del difunto y que después llevan a casa desde el cementerio para

2

3

51

1. En la ilustración: antiguo panel de madera lacado con el taiji, *el símbolo de la inseparable polaridad* yin/yang, *diálogo que conforma la vida humana. Rodeado de ocho trigramas, el símbolo está situado sobre un tigre, emblema de la energía, con un ojo negro y otro rojo, manifestación al mismo tiempo del* yin *y del* yang. *Es una imagen del movimiento vital que acompaña al hombre a lo largo de su existencia.*

2. Pabellón de oraciones del Templo del Cielo en Pekín, donde el emperador pedía una cosecha abundante al cielo, que despliega su actividad con el ritmo de la estaciones. Toda forma de vida es vida bajo el cielo, y el espíritu chino, no sólo el taoísta, le rinde tributo como al gran regulador de los seres, movimiento y fuerza del universo.

3. Una rama de sauce, recuerdo del difunto dentro del hogar.

4. Un cortejo fúnebre. Grabado chino de los primeros decenios de 1800. Tras un largo camino acompañado de instrumentos musicales de gran sonoridad, se llega al templo, lugar de sepultura y de ritos.

colocarla en el altar familiar. También se celebran otras ceremonias, siete, nueve y cuarenta y nueve días despúes del funeral, así como en el primer y tercer aniversario. El sacerdote taoísta encargado del rito puede emprender un viaje excepcional por el mundo subterráneo para ayudar al alma a cruzar las diferentes puertas infernales y evitar los guardianes demoníacos que las custodian. Posteriormente, en el momento establecido, queman la casa de papel y el resto de decoraciones.

9
RITMOS RITUALES DEL AÑO: EL CALENDARIO

1. La fiesta china del Año Nuevo lunar señala el final del invierno y el renacimiento de la vida y, según el historiador Mircea Elíade, ayuda a que el tiempo se renueve. El calendario lunar, al que se refiere esta festividad, marca el trabajo en los campos y es el que se sigue para establecer las fiestas tradicionales. En la fotografía: el gran dragón rojo, construido para la fiesta y animado por los hombres, serpentea por las calles de Hong Kong.
2. Las celebraciones de Año Nuevo finalizan con la fiesta de los faroles, una celebración en la que la luz vence a la oscuridad del invierno. En la fotografía: una vez acabadas las fiestas, se apaga la luz de los faroles.

El ciclo anual de las ceremonias alterna meses impares, festivos, marcados por el *yang*, y meses pares, laborables, marcados por el *yin* y el trabajo agrícola. Las fiestas fortalecen a los trabajadores y las cosechas. De entre las fiestas señaladas del calendario, algunas destacan más que otras. La más importante de todas es la del Año Nuevo lunar (primer día del primer mes). Acompaña la entrada en el nuevo año y sus fuerzas renovadoras bajo los mejores augurios. Las familias se reúnen en comidas especiales y honran a los antepasados y a los ancianos. Además, cocinan platos con nombres y significados especiales en memoria de los difuntos y presentan ofrendas ante el altar doméstico. En la fiesta de la Luz

1. *Las serpentinas de incienso colgadas de los techos de los templos permanecen siempre encendidas durante las fiestas de Año Nuevo, al que saludan con su intenso aroma.*

2. *Todo fenómeno tiene lugar entre el cielo y la Tierra: inaprensible como un sonido y sólido como una tela. Hay dos personajes mitológicos que encarnan estas cualidades. El primero, el vaquero celeste que despierta a los rebaños del cielo y toca la flauta. Las notas resuenan en el aire al escapar de sus orificios: así es la vida bajo el cielo. También en el hombre resuenan cavidades análogas que pueden producir armonía. Después está la tejedora, sentada en el cielo frente al vaquero, que lanza y entrecruza sus hilos. En ambos casos se trata de coordinar sus movimientos con los del cielo y la Tierra. En la ilustración, una mujer en un antiguo telar de pedal.*

(decimoquinto día del primer mes) se celebra la primera luna llena con una procesión de farolillos flotantes, bailes y poesías. En la fiesta de la Purificación (tercer día del tercer mes) se celebran los días luminosos de primavera con sacrificios, ofrendas de alimentos y limpieza de tumbas, actividades que se prolongan durante 105 días después del solsticio invernal. Los ritos del

2

1

3. *Las fiestas se disfrutan comiendo y bebiendo con familiares y amigos. Cada celebración se asocia a determinadas comidas. En la fotografía, un plato especial servido en un banquete en Corea.*

primer día de verano (quinto día del quinto mes) sirven para alejar las enfermedades y para que los niños tengan buena salud mediante exorcismos y actividades fortalecedoras. El Día de las siete hermanas (séptimo día del séptimo mes) conmemora el perpetuo cortejo de dos célebres figuras celestes, la tejedora y el vaquero. El Decimoquinto día del séptimo mes los taoístas celebran la festividad que precede a la cosecha en honor de las almas de los difuntos. Las almas, robadas a los infier-

nos, pueden asistir a toda la celebración y, como a los vivos, también se les prepara un banquete. La fiesta de la Luna de otoño (decimoquinto día del octavo mes) es de agradecimiento por la cosecha. Se improvisan poesías y se sirven dulces redondos que representan la Luna. Durante el invierno se celebran también multitud de fiestas desde el noveno día del noveno mes hasta el undécimo día del undécimo mes. La fiesta del *jiao* (véase cap. 2) suele caer en este período.

10

TAO TE KING, CAPÍTULO 64

六十四章 其安易持其未兆易謀其脆易泮其微易散為之於
未有治之於未亂合抱之木生於毫末九層之臺起
於累土千里之行始於足下為者敗之執者失之是
以聖人無為故無敗無執故無失民之從事常於幾
成而敗之慎終如始則無敗事是以聖人欲不欲不
貴難得之貨學不學復眾人之所過以輔萬物之自
然而不敢為

64

Lo que está en equilibrio es fácil de mantener.
Lo que está latente es fácil de prevenir.
Lo que es frágil es fácil de romper.
Lo que es impalpable es fácil de dispersar.
Actuad sobre lo que no es todavía.
Gobernad evitando el desorden.

El árbol que es imposible rodear con dos brazos
procede de un brote muy pequeño.
Una torre de nueve pisos
se construye desde un simple apoyo.
Un viaje de miles de leguas
se emprende con un paso.

Intervenir es fracasar.
Poseer es perder.
Así, los sabios no intervienen
y por tanto no fracasan.
No poseen
y no pierden.
A veces se esfuerza y se fracasa cerca de la meta.
Pero teniendo cuidado desde el principio
hasta el final, se evita la pérdida.

Deseando no desear,
los sabios restaban valor a los objetos valiosos.
Enseñando a desaprender;
hacían que la gente reparase sus errores.
Y ayudando a la espontaneidad de los diez mil seres
desanimaban a los cómplices de desórdenes.

Página anterior: una sugerente visión desde abajo de un bosquecillo de bambúes. La imagen expresa con claridad el significado del bambú en la mentalidad china: la energía vital que parte desde la Tierra hacia el cielo, con un dinamismo considerado la manifestación más pura del movimiento en el mundo vegetal y la encarnación del diálogo entre Tierra y cielo, origen de toda vida. Su gran resistencia y flexibilidad, la versatilidad de su madera, apta para múltiples usos, y el color siempre verde de su fronda, han convertido el bambú en símbolo de las virtudes exigidas al hombre. Objeto de innumerables pinturas en China, Japón, Vietnam y Corea, hasta tal punto que se suele decir que el verdadero artista es quien sabe pintarlo, es protagonista de un arte que interpreta el espíritu del bambú, cuyas raíces deberían prender en el corazón del hombre.

GLOSARIO

Los términos chinos que aparecen en este volumen han sido transcritos según el sistema pinyin, adoptado oficialmente por la República Popular China, a excepción de los términos Yangtsé, tao, taoísmo, *Tao Te King* y Pekín, *transcritos en cambio según el sistema Wade-Giles.*

dongtian   Conocidas como las *grutas del cielo,* son lugares sagrados que estarían unidos, según se dice, por pasajes subterráneos. Están iluminadas desde el interior con luz propia o con un rayo luminoso del cielo que penetra desde el exterior por una abertura. En estos lugares, imaginados como el seno de la Tierra, se guardaban los principios de la vida y las sagradas escrituras.

fa lu   Breve meditación para purificar el corazón y la mente de los fieles, vaciándolos de imágenes y espíritus negativos.

fen deng   Ritual religioso que consiste en encender tres velas. Cada vela tiene un significado simbólico y una importancia religiosa.

fiesta del Año Nuevo lunar   Es una celebración de año nuevo bajo los mejores auspicios, con rituales y prácticas que indican el significado de la renovación.

fiesta del *Jiao*   Celebra el primer ritual de renovación, conocido como *su-qi,* y el segundo ritual de la cosecha y la ingestión, llamado *dao-zhang.* El objetivo de la festividad es el ciclo del renacimiento. Se dice que, al celebrar el *jiao,* el fiel alcanza la unión mística con el *tao.*

fiesta de la Luz   Se celebra la primera luna llena del nuevo año con una procesión de farolillos flotantes, bailes y poesías.

fiesta de la Purificación   Se celebran los días luminosos de la primavera con ofrendas de comida y se limpian las tumbas, actividades que se prolongan durante 105 días después del solsticio de invierno.

Lao Tse   Se le considera el impulsor del taoísmo y se le venera como a una divinidad. Se dice que compuso el *Tao Te King,* un libro fundamental de enseñanzas taoístas. Según la leyenda, Lao Tse transmitió el *Tao Te King* al guardián del paso de Han-ku durante sus viajes. Para el historiador Sima Qian, Lao Tse es un hombre sabio que busca conservar su propia pureza interior.

Lingbao   Conjunto de textos taoístas cuyo nombre significa 'tesoro sagrado'. El *Lingbao* se centra en las prácticas litúrgicas públicas que simbolizan la unión entre la vida particular y la sociedad y entre la Naturaleza y la salvación. Se refieren a él como una de las expresiones del universalismo taoísta. Estos textos representan la base de todo un programa de servicios litúrgicos dirigidos a los vivos y los muertos.

GLOSARIO

qi   No existe palabra para traducirlo adecuadamente. Literalmente significa 'emanación húmeda'. Otro significado básico es 'soplo', 'aliento'. Del concepto de aliento deriva el significado de 'espíritu vital', que es la fuerza de la vida de cada criatura. Entre las numerosas traducciones posibles de *qi,* dos de las más importantes son 'fuerza vital' y 'energía vital'.

tai-ping   Literalmente significa 'gran paz'. Se refiere a la idea de la perfecta armonía entre todas las realidades del mundo. El *tai-ping* forma parte del canon taoísta, el *Dao Zang*.

taiji   Descrito como el origen de todas las cosas creadas, es el Gran Principio Último, generador de las fuerzas cósmicas gemelas, el *yin* y el *yang*. Además, el *taiji* se considera también la esencia de la virtud extrema y de la perfección en el cielo y en la Tierra, en los hombres y en las cosas.

tao   Literalmente significa 'camino' o 'vía'. También tiene otros significados como 'método', 'doctrina' o 'noble camino de conducta'. Lo describen como el poder usado por reyes y magos para hacer que el cielo, la Tierra y el hombre se comuniquen entre sí. En este caso se entiende como poder asociado al mundo natural y al mundo humano.

Tao Te King   Es el texto fundamental del pensamiento taoísta. Compuesto por Lao Tse, se conoce como *El libro del camino y la virtud*. Está formado por 5.000 caracteres sobre dos rollos. Redactado en versos paralelos y estrofas poéticas, El *Tao Te King* disfruta de un gran uso en diferentes escuelas del taoísmo y del confucianismo, en las escuelas jurídicas chinas y en las prácticas populares chinas como interpretación.

taoísmo *shangqing*   Se basa en un grupo de textos que desempeñaron un papel de suma importancia en la corte de la dinastía Tang (618-907 d. C.). El *shangqing* o *shang qing* ('gran pureza') transformó completamente el taoísmo tradicional del sur de China, incorporándolo en un complejo sistema de prosa y versos fijos revelado mediante una especie de escritura automática durante los trances. La repetición de estos textos sagrados y la visualización de los espíritus descritos en ellos convirtieron el taoísmo *shangqing* en el camino fundamental para la realización espiritual.

wu wei   Literalmente, 'no acción'. El *wu wei* sugiere una actitud de prudencia y respeto hacia la autonomía del resto de cosas. Mediante la no acción, el taoísta no hace sino obedecer al *tao,* del que el capítulo 37 del *Tao Te King* dice: «El *tao* no actúa y sin embargo nada hay que no esté hecho».

wu xing   Cinco fases que toman el nombre de cinco elementos materiales. Son 1) agua, 2) fuego, 3) madera, 4) metal y 5) tierra. Se trata de los conceptos clave para poder leer la realidad según la visión orgánica del mundo propia de la filosofía tradicional china.

yin y **yang**   El significado original de *yin* y *yang* se refiere a la sombra y la luz. En definitiva, ambos términos representan los dos aspectos opuestos y complementarios del *tao* como orden natural. El *yin* indica la oscuridad, lo femenino, el frío, lo pasivo, la Luna y lo bajo. El *yang* representa en cambio la luz, lo masculino, el calor, lo activo, el Sol y lo alto. El uso de los términos *yin* y *yang* resulta muy apropiado para reflejar el concepto chino de dualismo, pero estos dos aspectos no son en ningún caso antagonistas entre sí, sino que, más bien, el *yin* y el *yang* se complementan mutuamente.

Yu   Figura mítica, fundador de la dinastía Xia (2207-1766 a. C.), que asumió la forma de un animal y que cojeaba por culpa de sus titánicos trabajos. El movimiento que imita su caminar se llama *paso o baile de Yu*. Yu recibió el Escrito del río Lo y el Mapa del río Amarillo. Estos detalles simbólicos sugieren la función de chamán que tenía Yu. El tema de los conocimientos de Yu sobre estos detalles, entendidos como técnicas de la reordenación creativa del mundo, se podrían comparar con los deberes sagrados del emperador, que era el responsable de la continuidad del orden humano.

Zhuangzi   Vivió en el siglo IV a. C. y comparte con Lao Tse el concepto central del *tao* como principio básico que gobierna el universo. Hacia el año 320 a. C. escribió un libro que lleva su nombre. En esta obra, Zhuangzi expuso una defensa de la libertad espiritual: no tanto la libertad del individuo ante convenciones y vínculos sociales, como la liberación de las limitaciones de la mente mediante la superación personal. El libro es conocido como la parte del canon taoísta cuyos pasajes poéticos están enriquecidos con innumerables anécdotas.

REFERENCIAS ICONOGRÁFICAS

El número en negrita se refiere a la página;
el que está entre paréntesis, a la ilustración

BRUNO COSSA, Milán: **6**, **52** (2), **57** (3). EDITORIAL JACA BOOK, Milán (Remo Berselli): **15** (3), **24** (1); (Lorenzo Cecchi): **52** (1); (Duilio Citi): **58-59**; (Giacinto Gaudenzi): **20** (3), **42-43**, **50**, **56** (1); (Ermanno Leso): **20** (1, 2), **24** (2); (Angelo Stabin): **3**, **15** (4), **14** (2), **33** (3), **34**, **45** (4); (Chen Zhao-Fu): **28**. NAZIMA KOWALLN: **47** (2). SILVIA VASSENA, Milán: **21** (6). ARCHIVOS WARA, Centro Camuno de Estudios Prehistóricos, Capo di Ponte, Brescia: **11**.

Las fotografías no citadas proceden de los archivos del editor.

Las ilustraciones **19** (1), **16** (3), **54** (1), **55** (2) están tomadas de *Eternal Hong Kong*, texto y pies de foto de Marc Mangin, fotografías de Thomas Renaut, Editions d'Indochine / ASA Editions, París, s. d., de las pp. 104, 98-99, 69 y 74 respectivamente.

La ilustración **20** (4) procede de Julien Ries, *Le Origini, le Religioni*, Jaca Book, Milán 1993, fig. 148.

Impreso en Italia

Selección de las imágenes
LASERPRINT, Milán